江戸家小猫改め
五代目 江戸家猫八

今回の巻頭グラビアは江戸家小猫改め、五代目江戸家猫八先生です。
先生の一日に密着ということで、高座と動物園巡りに同行。
ロングインタビューとともに、どうぞお楽しみ下さい！
（取材／文 柳家小はだ、撮影 そろそろ写真部）

祝!! 襲名

江戸家猫八 ロングインタビュー

福

五代目猫八誕生!!

令和5年3月21日からいよいよ五代目猫八襲名ということですが、この時期の襲名というのは何か意味があったんでしょうか。

まずひとつ、父（四代目猫八）に7回忌までは「猫八」のままでいてほしい。という思いがありました。そして父（享年66）が亡くなる少し前に「せめて70歳までは、猫八としてやっていたかったな」と母だけに話していたこと、その父の気持ちも大切にしたかった。あとは私自身も襲名するのはまだ早い……と。

でも、3年前くらいからですかね。もがきながらでも猫八としてのキャリアを積んでいくことに意味があるんじゃないかと思いはじめたんです。

そして、最終的な決定打となったのは、周りの皆さんから声があがったってところがありますね。

これは私が小猫になったとき、父から言われたことなのですが「必ず周りの人たちがお前の高座を見ているから、しっかり芸を磨いて良い高座をつとめていきなさい。何かしら動きが起きるときは周りから声がかかるもんだよ」と。今回の猫八襲名がまさにそうでした。次第にいろいろな方面から「そろそろ猫八になってもいいんじゃないか」という声が増えてきて。理事会でも声が上がって、最終的には市馬会長から「（猫八襲名の）気持ちはどうなんだ？」と声を掛けていただいたとき、父から「今だよ」と言われたような気がして決意を固めました。

芸歴12年で留め名と言われるような名を襲名されますが、プレッシャーはどうですか？

山猫

これもきっとタイミングの話だと思うんです。おそらくいつ襲名しても「まだ早い」って声は上がるはずなんです。でも別の見方をすれば、このぐらいの年齢から背負っていかないと、自分の中に「猫八」を染み込ませられない。

染み込ませられない？

私の祖父（三代目猫八）は、28歳のときに「猫八」の名前を背負いました。当時はまだウグイスもちゃんと鳴けなかったそうで、お客様にヤジられたりして悔しい思いをしながら、時間をかけて「猫八」を作り上げていった。

父は「猫八は親父の名前、自分は小猫のままで良い」という気持ちを固めていたんですけど、周りの声を聞いていくうちに「猫八という名前でこの芸を継承することに意味がある」という考えに変わって60歳のときに襲名したんです。ところが病に倒れて6年間しか猫八で居られなかった。その結果、小猫のイメージが強いまま、四代目は終わってしまったんですね。

もちろん父には父の、確固たる信念がありました。襲名のタイミングに悔いはないと思います。なら私はどうするべきか。やはり周りから声が上がってる今、この年齢で「猫八を背負って芸に精進していくことがベストな道ではないか」と。あとはこれからの努力でこの選択を「正しい道」にしていきます。

自分の猫八を探して

自分の色の猫八を作っていくということで言えば、先生の高座を聞いていると、先代の猫八先生とも、ほかの芸人とも被らない。学校の授業というか、なにか講習を受けてる感じになります。

父とも祖父ともぜんぜん雰囲気が違うんで、自分自身の性格が固まったころ、高校時代には、自分の真面目な性格はちょっと寄席演芸には向かないな、と思ってたんです。でも、父の四代目猫八襲名公演のとき親子共演をしたところ、お客さんから「お父さんと色が違いますね」「寄席の芸人さんらしくない雰囲気が面白いですね」と言ってもらえたんです。そのときに自分には向かないと思い込んでいたコンプレックスこそが「強み」になるんだと教わりました。

で、そこからは迷うことなく「自分らしく高座をつとめるにはどういう組み立て方をすればいいだろう」と。そういう考えになりましたね。

先生は、どんな出番、高座時間でも、必ずお客様を盛り上げておられますが、その高座の秘訣などはありますでしょうか。

基本的に、舞台袖からお客席を観察して、今日はいつもどおりウグイスから入って、次はこれ、その次はこれ、ある程度のスタメンを決めるんですよ。

9784909045522

9200076011009

ISBN978-4-909045-52-2
C0076 ¥1100E
定価：本体 1,100 円 + 税
そろそろ 03

NANAIROSHA

そろそろ03

2023年3月1日　初版第1刷発行

造本には充分注意しておりますが、万一、乱丁・落丁本がございましたらお取り替え致します。

編　集　そろそろ編集部
発行者　山口和男
発行所　虹色社（なないろしゃ）
東京都新宿区戸塚町1-102-5
江原ビル1F
03-6302-1240
http://nanairosha.jp/
印刷・製本・装丁　虹色社

自分が園長になって、
それぞれの動物たちの魅力をどう見せるか。

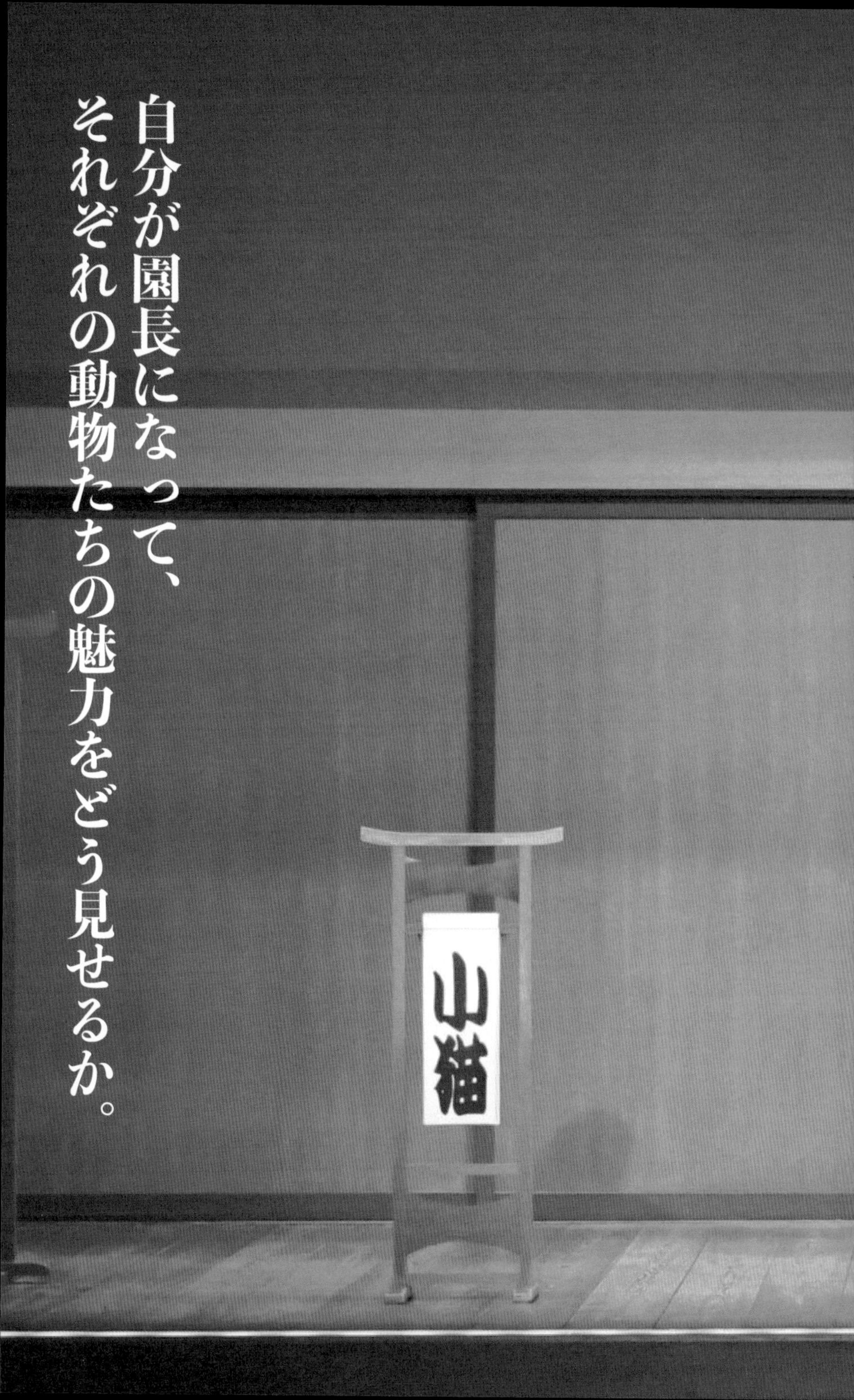

で、トップバッターのウグイスを鳴いてみて、付随するネタを投げてみて、お客さんの反応を見ます。その反応によって、次はイヌの予定だったけどニワトリに変えてみよう。となると持ち時間的にこの動物もチェンジした方がいいかな。簡単に言うとそういう思考回路ですね。

そうやって、時間に納めて爆笑に持っていくと。

小猫動物園

芸人は皆さんそうだと思いますが「切れ味のあるネタというのがありまして、その中でも、瞬発力タイプのものや、積み上げてから笑いにつなげるもの、いくつかのパターンがあります。いくら切れ味があるからといって、瞬発力系ばかりを続けていくとリズムは単調になってしまう。

こういう話はあまり説明しすぎない方がいいんですけど……別のイメージで例えるならば、自分の中にもうひとつの「寄席」がある感覚です。それぞれの動物のネタに笑いの構図がありまして、そのパターンが似ているもの同士はツく（ネタが被る）ので、両方ともスタメンにはしません。同タイプのネタが続くとひとつひとつに切れ味があったとしても、全体の流れはトーンダウンしますからね。

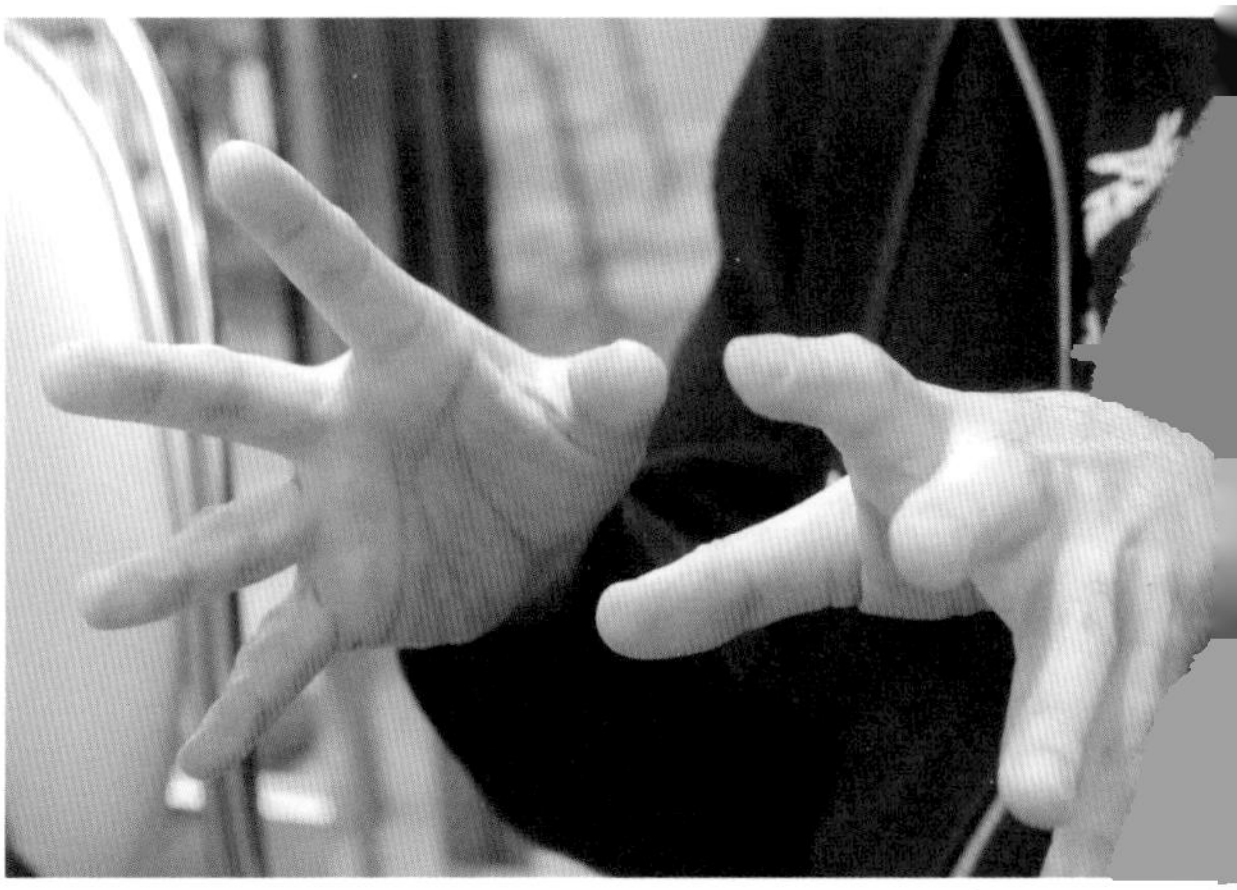

実際の寄席の出番も考えながら、自分の中でも出番を考えていくってことですか？

そうそう、そういうことですね。自分の芸に引き寄せて説明するとしたら「動物園」を経営している感覚です。自分が園長になって、それぞれの動物たちの魅力をどう見せるか。今日のお客さんにはこの組み合わせで見てもらおう。そのプランを毎回の高座で変えていきます。

はぁー（感嘆）

さらには動物たちには可能なかぎりベストコンディションでいてほしいので、飼育技術を日々磨いて、全力でお世話をしている感覚ですかね。

なるほど。せっかく「動物園」というお話

上野動物園
UENO ZOO

ユイ
YUI

動物医療センター
Wildlife Health Center

が出たので、そちらのお話も伺いたいのですが、小猫流動物園巡りのコツや、人におすすめする際のポイントなどありますか？

んー、寄席も同じだと思うんですけど、「こういう風に楽しんでほしい」というのは視野が狭まるじゃないですか。この落語はここの仕草や台詞が見どころ聴きどころで……伝えれば伝えるほど視野が狭まってしまう。そうじゃなくて寄席演芸を観て、何も考えずに自由に楽しんでほしい。でも、ふと気づくと自由に楽しんでいるはずなのに、皆が同じタイミングで笑っている。

それと同じ感覚で「ここの動物園は、この動物をこういう知識とともに観ないともったいない！」とか言わずに、何も考えずに周るってのが理想ですね。ただそれだけでは読者の皆さんは面白くないでしょうから、ひとつだけ。

もし、やる気と根気があれば、動物園を2周してみてください。すると、さっきまで奥のほうにいた動物が場所を変えて手前の方にいる。ぐっすり寝てたはずなのに今はご飯を食べている。2周するとこういうことが起きるんですよ。もちろん必ずではありません。そこもまた動物園の面白さなんですよね。

しかも2周すると簡単に1万歩を超えたりするので、動物をのんびり観察しながらの「動物園健康法」はありだと思います。何度も足を運んでいただけるようでしたら、季節、天気を変えてみるのも面白いですよ。

確かに今日は曇りでしたが、そのほうがカバの艶感とかがよりよくわかりました。

そういうことなんです。

さらに言うと、同じ動物園ばかり行くのではなくて、違う動物園に行ってみることをオススメします。同じ動物でも施設が変わるだけで「この展示はこういう見せ方が面白いな」などなど、新しい発見があります。その結果、いつも行っている動物園の見え方まで変化してきます。寄席と一緒ですよ。

昼席夜席や寄席の違いで、ネタ選びとかも変わってきますね。

相手の立場になる。

以前先生の撮られた動物のお写真を見せてもらったことがあるのですが、どれもとても素敵でした。写真を撮るにあたっては、どのような事を心掛けてますか？

ずばり「その被写体の魅力はなんだろう」と考えますね。生き物であろうと無機物であろうと、この被写体の「顔」ってどこだろうなと。

「顔」ですか。

人物や動物だったら「顔」はもちろんあるんで、そこを中心に構図を考えていくんですけど、例えば、ソフトクリームを撮るとしたら、ソフトクリームはどこから撮ってほしいだろう。「顔」はどこにあるのか

▲この日小猫先生が
撮影されたカバ

なと考えてみる。
しかも「顔」は「顔」だけではなく、今日の動物たちで説明するならば、動物の佇まいというものがあって、ばっちりカメラ目線をもらえたときのいい顔、顔はあっちを向いているけど佇まいとしていい顔、この動物の魅力はどちらの方に出ているのか。あくまで自分の価値観ですけど、そういうことを考えてシャッターチャンスを待っています。
で、私のポリシーは、連写はしません。最近のカメラは性能が良いので、連写機能でシャーーーーッと撮れば、その中にベストショットを見つけることができるんでしょうけど、私はしないです。

それはどうしてなんでしょうか？

昔のスポーツカメラマンみたいな感覚というか、芸の世界とも繋がる部分があるのですが、私と動物の間に存在する互いの呼吸を感じながら一瞬のいい「顔」を狙いたい。その駆け引きの醍醐味ですよね。もしそこで失敗したとしても「次はこうしてみよう」という収穫を得ることができます。もちろん過去には連写しなかったがゆえにベストショットを逃したこともあるんですけど……でもそこも含めて動物と向き合う面白さなんです。

芸の世界と繋がるという話ですと、先生のものまねを見ていると、あるがままをやるわけではなく多少デフォルメをかけて、その動物の魅力を表現しているように感じます。

まさしくそうで、すごく共通していると思います。だから私にとっての「芸を磨く」と「絵を描く」と「写真を撮る」と「文章を書く」は、表現する形こそ違うんですけど、練り上げていくプロセスは同じ軸の上にあるんですよ。
例えば何かのものまねをする。そっくりにやったときの反応と、ちょっとデフォルメをかけてやったときと、笑い出力が変わる。その反応を見ながら調整をかけていきます。でも本物が嘘になっていくような誇張はしない。
もし動物たちが人間の言葉を話せるとしたら「こんな声じゃないですよ」と言われる芸にはしたくない。彼らにも笑ってもらえるところで勝負したいですね。
だから写真も同じです。動物から「いい写真を撮ってくれてありがとう」という声があがるような写真を目指してます。
いつでも相手の視点を考えていたい。このスイッチを大切にしているので、表現する上で、芸も絵も写真も文章も捉え方は一緒なんだと思います。

最後に、猫八に向けての意気込みをお願いします。

意気込み……とりあえずこの名前を実際に背負ってみなければわからない部分が大きいですが、もちろん五代目の色を作っていきたいとは思ってます。ただ、自分では向かないと思っていた性格が、お客さんからの声をきっかけに一番の武器になってい

る。この小猫として積み上げてきた芸風はこれからもずっと大切にしていきたいですね。

　だから最初のうちは、猫八らしくないとか、猫八としてはまだ軽いという声が出たとしても、とにかく自分の武器をとことん磨き続ける。そうこうしているうちに年齢と共に「色」は変わっていくはずなので、この固い真面目なイメージが固まれば固まるほど、今度は年齢とともに型を崩していく楽しさが生まれてくるのではないでしょうか。そこは楽しみにしているところですね。

　あとは、ヌー然り、テナガザル然り、ネタになっている動物たちは、先ほどもお話したとおり自分の中に住んでいて、日々大切に育てています。その動物たちが私を支えてくれたからこそ今がある。自分らしい高座ができる。

　猫八になった途端に、これからは新しいスタイルでいくから〝サヨナラ〟なんて風に戦友たちを見捨てる気持ちにはなれません。もちろん新しい動物たちも大歓迎しますが、小猫時代を支えてくれた動物たちをさらに磨いていって、彼らのためにさらにいいネタに仕上げてあげたいですよね。

　あと、私だからできることでいうと「動物園への恩返し」ですね。

　二代目小猫の「今」があるのは、各地の動物園でお付き合いをさせてもらったお陰。その動物園のために何ができるのかって考えると、動物園が大切にしていることを代弁することができる。業界内の人には言いにくいことでも、芸人という立場なら柔らかく発信することができる。しかも彼らに迷惑をかけないように。それが私にできる恩返しなのかなと。

　それに付随して、動物ものまね芸を通じて「0から1を生み出す」ような環境教育もやっていきたいです。面白い専門家はたくさんいるので、そういう人たちにつながる「はじめの一歩」になれたら最高ですね。寄席の高座、動物園への恩返し、この両輪を回していくのが、五代目猫八の使命だと思います。

鈴本演芸場	3月21日(祝・火)～30日(木)	夜席
新宿末廣亭	4月 1日(土)～10日(月)	夜席
浅草演芸ホール	4月11日(火)～20日(木)	昼席
池袋演芸場	4月21日(金)～30日(日)	昼席
国立演芸場	5月11日(木)～20日(土)	昼席

詳細は、一般社団法人落語協会 03-3833-8565

https://rakugo-kyokai.jp/にお問い合わせください。

デザイン：十一岡印刷

猫八プロフィール

江戸家猫八（岡田真一郎）

1977（昭和 52）年、東京都目黒区生まれ、祖父に三代目江戸家猫八、父に四代目江戸家猫八を持つ。2009（平成 21）年四代目江戸家猫八に入門
2011（平成 23）年二代目江戸家小猫を襲名。
2012（平成 24）年より落語協会に入会。以降、大小さまざまな賞を受賞。
2023 年 3 月 21 日より 7 年ぶりの名跡復活となる、五代目江戸家猫八を襲名

昭和53年の創業以来、原宿の地に於いてファッションだけでなく若者の流行を発信し続ける摩天楼、ラフォーレ原宿。まさか“そろそろ”の誌面で扱うことのない言葉だと思っていたが、そのラフォーレ原宿で夜な夜な開催された落語会があった。

『みんなの落語 - この落語家のこの噺がすごい！ -』である。

この『みんなの落語』はわれわれ落語協会の前座、二ツ目、計93名（2022年6月現在）の若手芸人を対象に「あなたがすごいと思う真打と、その芸人の噺は？」というアンケートを滑稽噺、廓噺、芝居噺、人情噺、新作落語、怪談噺の各ジャンルで実施。

アンケート結果を元に、選ばれた真打（噺も選ばれたもの）、そろそろメンバー（二ツ目）、色物、前座という座組みの落語会がこれまでに3回行われた。

初回は10月28日「廓噺篇・柳家三三『明烏』」、第2回は11月23日「芝居噺篇・古今亭文菊『七段目』」、そして12月14日「新作落語篇・三遊亭白鳥『任侠流山動物園』」という三夜だ。

いずれの回もトリの口演後には真打とそろそろメンバーによる“インタビュー”と称した座談も開かれ、この誌面に掲載できるものから、そうでないものまで様々な四方山話に花が咲いた。

廓噺篇　柳家三三「明烏」

口演後の座談には、弊誌の無責任者・五明樓玉の輔も同席。選ばれたネタに関するこだわりや工夫を〝ここだけの話〟ということでお客席にも楽しんでいただける秘密の時間。

玉の輔の「オレさぁ、お前（三三）の『明烏』聴いたことなかったから、いま袖で聴いてたよ」の一言に何かを察した三三はQ&Aを脇に置いて、落語の継承や稽古、アレンジに関して細部に渡り、分かり易くも専門的にお客席へ解説。さすがは無責任者！　その責任は打ち上げで取っていただいた。

子どもからの「大谷翔平」のご注文を切り上げる楽一。お客様全員の心を掴んだ！

一、寿限無　左ん坊
一、猫の皿　彦三
一、明烏　三三
仲入り
一、紙切り　楽一
一、加賀の千代　三三

お客席の様子を見て、初めての方にも分かりやすく『寿限無』をチョイス。優しい語り口でお客席の緊張がほぐれた。

場所や空間に臆することなく、師匠・正雀譲りの“ワールド”を展開。このミスマッチがとてもマッチ。

ポップカルチャーに明るい緑助、寄席の高座よりもラフォーレ落語に生き生きしているようにも…

太神楽初見の方も多いようで、一つ一つの芸に歓声や拍手はひとしお。

今回のインタビュアーは林家はな平、自身も仲間と鹿芝居の興行を行うほどの芝居好き。芝居噺には現代では幾分分かりにくそうなネタで気をつけている点を訪ねると「見たことない・知らないものがテーマでも、それを知らない方にも楽しく観ていただけるようにしてます」と、噺家誰もが持っていなくてはいけないが、ついつい忘れてしまいそうな一言に我々後輩一同も身が引き締まった。

そんな文菊、学生時代にはよく裏原宿へ買い物に出かけ、ラフォーレ周辺で遊んでいたようだ。その頃の写真があれば見てみたい。

芝居噺篇 古今亭文菊「七段目」

一、動物園　枝平
一、つる　緑助
一、長短　文菊
仲入り
一、太神楽　仙成
一、七段目　文菊

師匠の桂文生漫談で会場の空気を作ると一気にエンジンがかかったようにブラックライオンに変身！

新作落語篇

三遊亭白鳥「任侠流山動物園」

表参道、明治通りの交差点上空で“オナラ”について15分も語った男はおそらく史上初⁉

マクラからお客席を盛り上げる演出でポップに分かり易く「犬の目」を口演。

一、犬の目　枝平
一、転失気　伊織
一、アジアそば　白鳥
仲入り
一、動物ものまね　小猫
一、任侠流山動物園　白鳥

12月14日に行われた新作落語回では、数ある白鳥の新作落語のなかでも長編大作と呼び声の高い「任侠流山動物園」を口演。

座談では、白鳥と同時期に前座修行を共にした玉の輔も同席。当時の貧乏話に花が咲き会場は爆笑に包まれるも、自身の新作落語について聞かれると『オレの新作落語はいろんな人に演ってもらって変化していくんでいいと思う』と落語の在り方や新作落語逆境時代について語った。

「任侠流山動物園」に登場する動物の鳴き声もネタに織り交ぜトリにバトンを渡す小猫

そもそも「ラフォーレで落語？ 場所あるの？」と思う方も多いはず。それもそのはず、通常このような企画は都内のホール等で開催されるイメージだが、今回はBE AT TOKYOと株式会社レモンハウスと弊誌の合同コラボ企画。

BE AT TOKYOはファッション、音楽、アートをはじめ東京に集まるさまざまなカルチャーをライブや物販を通して発信するメディア。そのBE AT TOKYOが期間限定の特設店舗を構える空間がラフォーレ原宿の6階、ラフォーレミュージアムである。

そんなBE AT TOKYOと弊誌を繋いだのが、株式会社レモンハウスの田代貴之氏だ。イベント企画会社であるレモンハウス所属の田代氏は長年音楽業界でイベントなどを担当していたが、独立をきっかけに付き合いのある噺家たちと落語イベントを催すようになり『みんなの落語』を発案。

「今回の6回はシーズン1って感じで、またアンケートを元に顔を変えてシーズン2、3と続けていきたいです」と今後の展開も構想中の田代氏は既存の落語ファンはもちろんのこと、新規落語ファンの獲得にも意欲的である。

なお残る3回の「滑稽噺篇・春風亭一之輔『初天神』」「怪談噺篇・五街道雲助『もう半分』」「人情噺篇（オファー中）」は編集真っ只中の現在では未開催だが、折を見てご報告できる機会を模索中。シーズン2の続報も乞うご期待！

あの頃のぞろぞろ

その二●圓窓師匠の言葉

「新しいことをやりたい気持ちは、今でもあるよ」

昨年のインタビューの折、80歳の圓窓師匠は、おもむろにそう言った。

時には好まれないような試みも果敢に挑戦してきたということを、師匠は始終自負されているように私は感じていたし、実際にそのようなことも自ら仰っていた。落語の台本を書き残すということにおいても、ファクシミリやワープロのその前の時代（水を通して活字が浮き出るようなものがあったそうである）から、現在に至るまでこだわり、そしてやり続け、それも自らの原稿を日々改訂していたということ一つをとってみても、やはりその精神は師匠の一貫したテーマの一つであることがわかるだろうとも思う。「先人がやらなかったことを見つけることは重要」——師匠は、そうも言っていた。

冒頭の言葉は前回も触れた言葉であるが、今師匠を思うと、やはりここでもう一度触れておきたいと思ったので、私はこの言葉からこの章を書き始めた。

▼若いころの圓窓師匠。『ぞろぞろ』創刊号より。

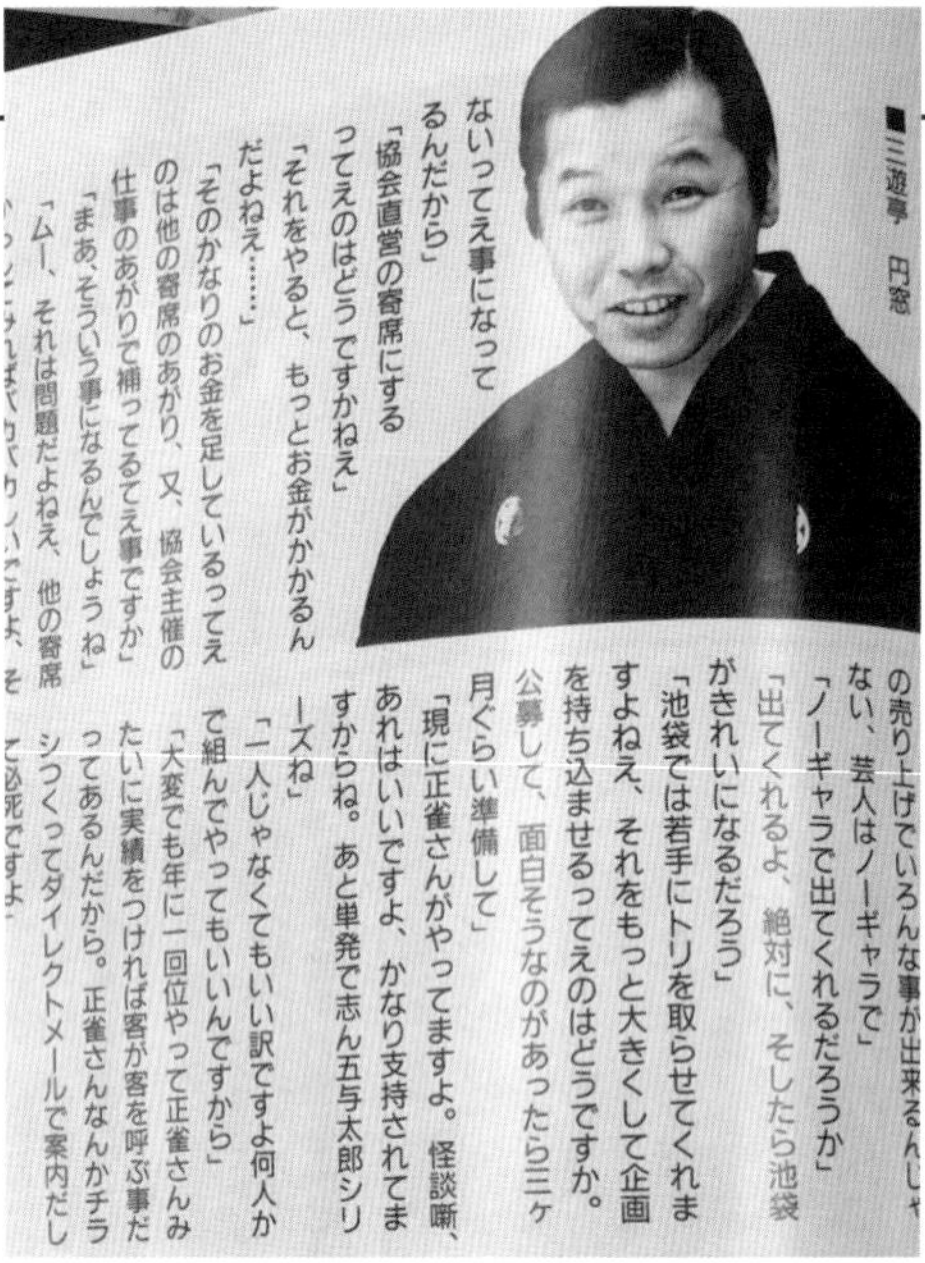

■三遊亭　円窓

ないってえ事になってるんだから」

「協会直営の寄席にするってえのはどうですかねえ」

「それをやると、もっとお金がかかるんだよねえ……」

「そのかなりのお金を足しているってえのは他の寄席のあがり、又、協会主催の仕事のあがりで補ってるてえ事ですか」

「まあ、そういう事になるんでしょうね」

「ムー、それは問題だよねえ、他の寄席

の売り上げでいろんな事が出来るんじゃない、芸人はノーギャラで」

「ノーギャラで出てくれるだろうか」

「出てくれるよ、絶対に、そしたら池袋がきれいになるだろう」

「池袋では若手にトリを取らせてくれますよねえ、それをもっと大きくして企画を持ち込ませるってえのはどうですか。公募して、面白そうなのがあったら三ヶ月ぐらい準備して」

「現に正雀さんがやってますよ。怪談噺、あれはいいですよ、かなり支持されてますからね。あと単発で志ん五与太郎シリーズね」

「一人じゃなくてもいい訳ですよ何人かで組んでやってもいいんですから」

「大変でも年に一回位やって正雀さんみたいに実績をつければ客が客を呼ぶ事だってあるんだから。正雀さんなんかチラシつくってダイレクトメールで案内だし

そんな師匠の言葉はもちろん金言で満ちていたけれども、その中でも、私が個人的にもっとも心に残っているものがある。それは、「一人じゃできないものって、あるよね」という言葉である。

落語は、一人でできるものである。

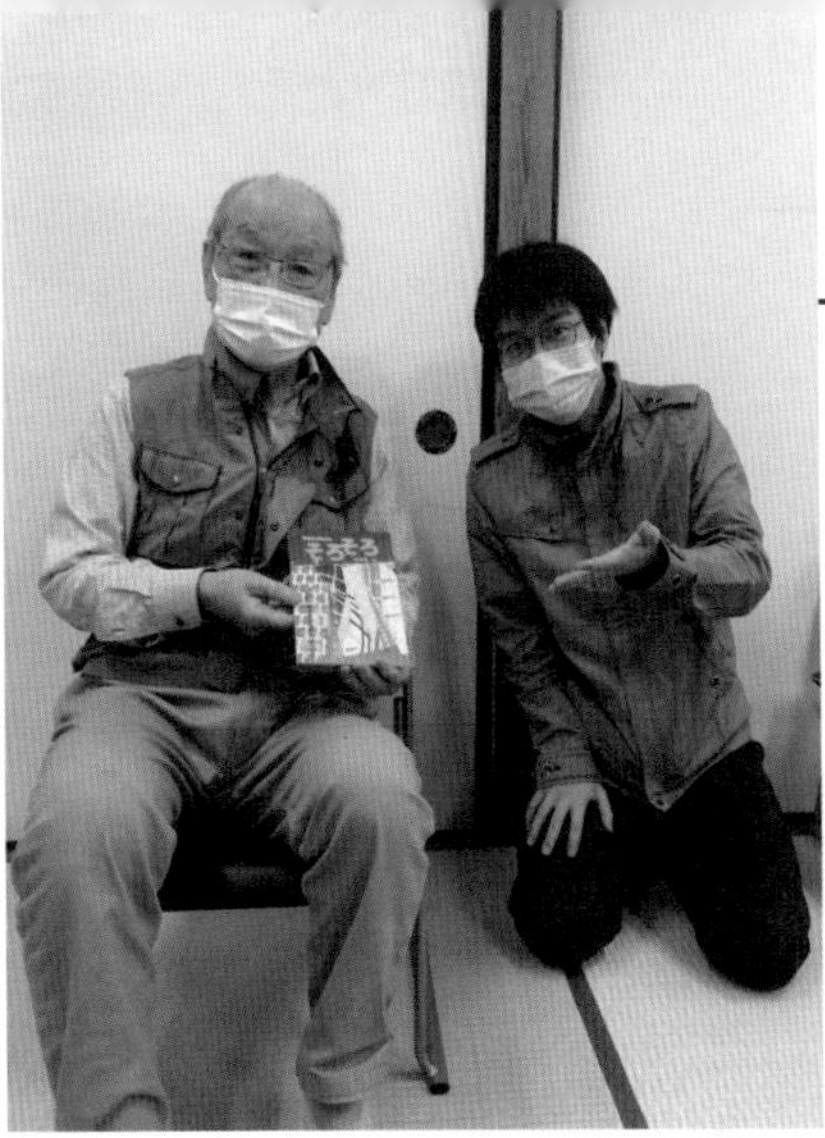

◀『そろそろ』創刊号を圓窓師匠にお渡しした日。

そしてそれが、落語の一つの特徴でもある。しかしそこには、「いいこと／わるいこと」があると、師匠は言っていた。そしてその「いいこと／わるいこと」が広がっていくのが、落語の業界であると。落語家は、落語の世界にはない共同体をあえて生み出すものであると。

　だからこそ、「一人じゃできないこと」を知ることとその行動が大事であると、師匠は言ったのであった。「噺家が、集まろう！　という発想や習慣は、いいことだよ」という師匠の言葉も、忘れられない。続けて師匠は、「噺家は噺家だからこそ、個人と集団を両方持っていないとダメだな」と付け加えた。

　私はそれら一連の師匠の考えを伺い、『ぞろぞろ』から続くこの『そろそろ』という活動のやりがいや大変さを照らし合わせてみて、とても前向きな、そして明るく爽やかなものを感じたのを覚えている。

　そもそも〈一人〉が好きでなる商売である。そういう人たちが集まっているはずの世界である。しかし、だからこそ、団体や倶楽部がそこにあり、それを通してまた〈一人〉を知るという過程が、そこに生じるのだろうと思った。

　取材の最後、『そろそろ』編集員に向けて、「俺も編集員になりたいくらいだよ」とおっしゃった師匠の、その冗談とも本気ともとれる頼もしい口調が、今でも胸に響いている。古い世界だからこそ、新しいことを。

　一人の世界だからこそ、仲間との活動を——

　今回は圓窓師匠からいただいた数々の言葉にかえて、師匠を偲び、「あの頃のぞろぞろ」としたいと思います。

　師匠、本当にありがとうございました。

（取材／文　林家彦三）

お囃子さん

2022年10月31日、深川江戸資料館にて「お囃子コンサート」が開催されました。出演者のお囃子さんたち総勢8名が舞台上にずらり。柳家さん喬師匠の司会で会場は大いに盛り上がりました。

　オープニングは長唄の越後獅子を披露。懐かしの出囃子コーナーや高座舞、太神楽や紙切りはもちろん、上方とのハメモノ聴き比べと盛りだくさん。全員舞台に上がっての演奏は、寄席では見ることができない貴重な光景で、なかなか体験できない臨場感です。

いつもはお囃子部屋に隠れて弾いてるので、舞台に上がることで雰囲気が違って面白かったです。

学校寄席で人前に出るとは、また違います？

はい。学校寄席はひとりで出るから結構孤独じゃないですか。みんなでやるのはめったにないので、すごく新鮮でした！

きょう

はな平

りち

そんな晴れやかな舞台に出演したお囃子さんたちですが、まだまだ謎が多いのも確か。そこで直接インタビューをして、その実態を探ってみました。

とある
お囃子さんの一日
普段の一日編

8:00	起床
9:00	朝食
10:00	掃除・洗濯
11:00	稽古・仕事の準備
13:00	昼食・夕食準備
14:00	出かける身支度
15:00	夜席に出発

左から（敬称略）井上りち、星乃もと、森吉あき、岡田まい、松尾あさ、柳沢きょう、田村かよ、石川さき

なんでお囃子に？

その：私は元々三味線をやっていて芸大に入って、落語も好きで早稲田の落研にも行ったりしてて。大学では清元をやっていたんだけど、邦楽の世界って女性が活躍できる場所があんまりなくて、続けていて果たして就職に繋がるのかって。そんなときに寄席囃子の世界を知って、これしかない、すごいやりたい！ って思って。

きょう：私は長唄をやっていて、寄席には季節に1回くらいは行ってました。いろいろなタイミングが重なって、ちょうどよかったときに寄席囃子の研修の募集※があって。勝手にご縁を感じて応募したのがきっかけですね。

りち：私は趣味で三味線をやっていて、落語も好きで寄席にもときどき行ってました。ちょうど会社で嫌なことがあってイライラしてネットを見ていたら、研修生募集っていうのが出てきて。勢いで応募したら、受かると思ってなかったんだけど受かっちゃって。だから合格の電話が来たときはびっくり！ 慌てて仕事を辞めました（笑）。

答えてくれたのは この3人！

太田その
1997年落語協会入会

柳沢きょう
2016年落語協会入会

井上りち
2018年落語協会入会

インタビューしたのは この2人！

玉の輔

はな平

16:00 寄席到着
17:00 夜席開演
20:00 終演
21:00 帰宅
22:00 食事・休憩
23:30 風呂・寝る準備
25:00 就寝
おつかれさまでした！

※現在、お囃子さんの殆どが国立劇場の養成所にて2年間の寄席囃子研修を経てお囃子になっています。
（2023年現在募集はお休み中）

玉の輔：研修の試験は何人くらい受けるの？
りち：私のときは、たしか40人くらい…？
玉の輔：そんなに!?
きょう：私のときも割とたくさんいました。
その：確か私が試験担当したんですよ。
りち：あ！　そう！　お姉さんいた！
はな平：へえ。現役のお師匠さんが試験官としていらっしゃるんですか？
その：そう。たしか試験日が2日あって。そのときは私とはるさんでした。で、やっぱり上手いなあって人が何人かいて。
玉の輔：そこで人生変わっちゃうんだな。
きょう：本当にそうですね。

お囃子として楽しい瞬間、嬉しい瞬間は？

その：寄席にいる間は、ずっと楽しいです。
きょう：私、客席を見てるのが好きです。最初は割と固い感じのお客さんが、段々笑顔になってく。その流れが面白いですね。
その：絶対笑わないお客さんが笑ったときとか？
きょう：そうそう！　それです（笑）。お客さんがほぐれていく感じが面白いですね。
りち：私も同じです。その一連の流れが面白いですね。

これって職業病？

はな平：職業病みたいなものはありますか？
きょう：（噺家の名前が）5人くらい並んでいると、二上り、三下り…とか出囃子の調子で考えちゃう（笑）。

そ　の：ああ、わかるかも。
り　ち：あと、紙切りの注文で出るのでニュースに敏感になる！
そ　の：これ出るかなーと思って（三味線用の曲を）準備しておいて、それが出るとやったーっていう感じで嬉しい。
きょう：でも曲を用意しておくと出なかったりしません？
り　ち：そうですね（笑）。せっかく用意してきたときに限って定番のものばっかりだったり。
そ　の：それはお囃子あるあるかもしれない。
玉の輔：そういうときは悔しいからトリの師匠の出囃子で勝手に弾いちゃうとか。
一　同：（笑）
そ　の：でも、それくらいの気持ちになります。どっかで弾いてやろうっていう（笑）。
玉の輔：だったら、一日だけお囃子さんの好きな曲弾くってのはどう？
はな平：その人のイメージの出囃子を好きに弾く、ってことですか？
玉の輔：そうそう。例えばオレは？
そ　の：ええー。難しいな…そうですね…アレかな。セクシャルバイオレット・ナンバーワン！
一　同：（笑）

紙切り何弾く？

玉の輔：紙切りのときって、いつも何弾くかその場でタテ（一番先輩のお囃子）が決めるじゃない？　そうじゃなくて全員が思ったものをいきなり弾くとどうなるの？
（きょう・りち同時に）合わないです（笑）。
玉の輔：じゃあ、ライオンっていう注文が来たとして「いっせーのせ」で3人で言ってね。
り　ち：ええー。ライオン？
玉の輔：決めた？　いっせーのせ！
そ　の：「らいおんハート」
きょう：「赤猫」
玉の輔：全然合わないじゃん(笑)。りちさんは？
り　ち：「虎退治」
玉の輔：あ、虎退治か…ライオンじゃねえじゃん！
り　ち：思いつかなかったです（笑）。
玉の輔：そういえば、こないだうちの師匠（春風亭小朝）が一席目、普通のさわぎで上がって二席目はさわぎの歌入りで。
り　ち：へえ。いいですね。かっこいい。
玉の輔：今度、さわぎ弾きながららいおんハート歌ってよ。ハーモニカもつけてさ。
はな平：それぺぺ桜井先生の世界じゃないですか（笑）。
一　同：（笑）

お囃子さんインタビュー、いかがでしたでしょうか。ほんのちょっとですがお囃子さんの世界を覗かせて頂きました。今度寄席に行くときにはぜひ、三味線の音色にも耳を澄ませてみて下さい。

（インタビュー　五明樓玉の輔・林家はな平、写真　林家はな平、構成／文　三遊亭伊織）

聞いてみた！

質問とその答え。

子さんにアンケート！
意外と知られていない
にて徹底解剖。
ドッキリする回答まで
返ってきた。

1 出身地は？

1位 東京都

2位 神奈川県

他、埼玉県、静岡県、愛知県、広島県など

お囃子さんの半数以上が東京都出身。関東圏以外の出身者は圧倒的に少ない。やはり定席のないところにはお囃子の仕事についての情報が届きにくいのだろうか。

2 前職は？

1位 会社員が、業種はバラバラ

業種は、業務用カタログ・フリーペーパーの編集、模擬試験の編集、出版社で編集など編集関係が多いものの、他はアパレルで企画・マーケティング、電機メーカーで簡単なプログラミング、SE、大学職員、伝統芸能系事務職、医療事務などがあった。会社員以外では、木部・家具の補修職人、デザイナー・ディレクター、主婦、お茶子、学生、書道塾講師など多種多様だ。

3 お囃子になったワケ

落語・寄席が好きだから
三味線が好きだから

やはりこの質問は、落語・寄席・三味線のいずれかが好きだからという回答がほとんどだったが、なかには出来心や勢いでなんて人も。この仕事を知ったきっかけはNHKで募集の放送があったからというものもあり、意外なところでお囃子との縁が生まれている。

4 やっている/やっていた三味線のジャンルは？

1位 長唄

2位 端唄

3位 清元、小唄

4位 民謡

他、義太夫、新内、地唄、津軽三味線

ダントツで多いのが長唄。ほぼ全員が長唄経験者だ。ただし、長唄のみという人はごくわずかで、複数ジャンルでの経験者がほとんど。出囃子は古い曲から現代曲まで幅広いジャンルを扱うので、経験豊かなお囃子さんがいるというのは、頼もしい限りだ。

とある
お囃子さんの一日
忙しい日編

- 7:00 起床
- 8:00 出発
- 9:00 楽屋入り
- 9:30 学校寄席
- 11:00 学校寄席終了
- 12:00 昼席開演
- 16:00 終演・移動＆軽食 やっと休憩？

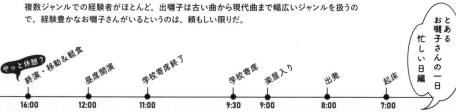

5 良かったこと
毎日寄席にいられる

大変なこと 6
毎日着物でいる

お囃子さんの特典とも言える、寄席の舞台袖からの景色。「お客さんからは見えない、高座に上がる前に緊張している芸人さんの表情などを見られるのが嬉しい」と答えた人もいた。一方、大変なのが着物での勤務。芸人とは違い、寄席では着替えず家を出るときから着物での移動なので、その不便さを上げる声が多かった。携帯がない時代は、台風の日も着物のまま出勤し、寄席に着いてから休みなんて知ることも。

7 本当にあった怖い話

トリの師匠が上がったと思い三味線を片付けたが、師匠が下りたあと前座さんが鳴らしたのは、追い出し太鼓ではなく片シャギリ。トリの師匠はまだ上がっていなかったと状況が分かり、その場に膝から崩れ落ちた。

依頼書に書いてあった会場の最寄り駅が間違っていて、駅に着いたがタクシーもなく、しかたないのでヒッチハイクして会場に向かった。

休みをとるのを忘れ、気づいたら60連勤していることがある。

\ 落語協会の /

お囃子さんに 8の

たぶん史上初！お囃
寄席には毎日いるものの
その実態をアンケート
なるほど！ と思うことから
いろいろな答えが

8 この出囃子むずかしい！

1位 キッズリターン 米粒写経先生

2位 銀座カンカン娘、圓太郎囃子
古今亭菊千代師匠　橘家圓太郎師匠

3位 さくら音頭、晴れて雲間
柳亭市次郎さん　林家彦三さん

ひとり3曲ピックアップする質問で、すべての項目をキッズリターンで埋めた人もいたほど。見事1位を獲得した米粒写経先生方には、我が編集部の無責任者である五明樓玉の輔から、自作のトロフィーと直筆の標語「楽しいって素晴らしい」が贈られた。プレゼンターは、お囃子の恩田えり師匠。授賞式の様子は、そろそろ公式Twitterにて投稿しているので、要チェック！

\ おめでとうございます！ /

他にも質問したが、誌面の関係で掲載できず。また機会があれば、どこかで紹介したい。
ご協力いただいたお囃子の師匠方には、改めて感謝！ありがとうございました！

- 26:00 就寝（おつかれさまでした！）
- 24:00 帰宅・寝る支度（くたくた…）
- 23:00 打ち上げ終わり
- 21:30 打ち上げ
- 21:00 終演
- 18:30 落語会開演（まだまだ…）
- 17:30 楽屋入り 音響チェック

OHAYASHI

お囃子コンサート思い出アルバム

（出演者はすべて敬称略）

深川江戸資料館 小劇場 2022年10月31日

土瓶の芸を披露する 翁家和助

全員黒紋付での演奏。左から、井上りち、星乃もと、森吉あき、岡田まい、田村かよ、柳沢きょう、石川さき、松尾あさ。助演は後方左から、三遊亭伊織、桂やまと

司会の柳家さん喬

上方とのハメモノの聴き比べ 左から、はやしや絹代と金原亭馬生

かっぽれを踊る 金原亭馬生

林家正楽が切る弁慶

最後はそろって集合写真 お疲れ様でした！

美しい花笠の芸 鏡味仙志郎・仙成

深川を踊る柳家さん喬

CONCERT

写真 林家はな平

追悼 三遊亭金翁

２０２２年８月27日、三遊亭金翁師匠が亡くなられた。

実は我々編集部は、第三号で特集を組むべく取材として７月11日に金翁師匠宅を訪問していた。

残念ながら追悼記事になってしまったが、明るく闊達に語っていただいたインタビューを掲載してお人柄を偲びたいと思う。

金翁師匠プロフィール

１９４１（昭和16）年７月
三代目三遊亭金馬に入門　前座名「金時」
１９４５（昭和20）年
二ツ目昇進「小金馬」に改名
１９５８（昭和33）年
真打昇進
１９６７（昭和42）年
四代目「三遊亭金馬」を襲名
２０２０（令和２）年９月21日
「三遊亭金翁」を襲名
落語協会常任理事、顧問、
日本演芸家連合理事、会長、名誉会長
などを歴任し、住吉踊り興行では長年座
長を務めた。

編集部員が訪ねると居間でくつろいだ様子の金翁師匠が。インタビューと写真・動画撮影のお願いをすると着物に着替え、YouTubeチャンネル「金翁ロードショー」の撮影に使用しているというスタジオ（居間の一角を改造してある）の見台を前に準備万端整えて下さった。恐縮し、いささか緊張気味の部員から質問が飛ぶ…

――小猫先生が五代目江戸家猫八を襲名されますが、「お笑い三人組」で共演されていた三代目猫八先生の思い出などございますか？

お笑い三人組になる前の猫八さんてのは僕とみんな一緒だよ、貧乏なんだから。なんにも仕事はねぇんだからね？　暇ができるってぇと、「金ちゃぁん！　釣り行こう！」なんつってね。二人で釣竿持って行ってさ、住んでたところは人形町だからね、人形町の末廣行って、江戸川の向こうっ側行くと沼地みたいのがいっぱいあったんだよね。そこら辺行けばね、手長エビなんかいっぱい釣れたんだよね。それをおかずにしたり…。だから2人で会うと釣りの話だよ（笑）。

――その後NHKで…

いや、あれだってそんなもんなるとは思ってなかったからね。（お笑い）三人組なんていうのが初めてできたとき、あれはラジオ放送のドラマだったんだからね。それが上手くはまったんでしょうね。そんときになってみんな、猫八君も僕も（一龍斎）貞鳳君も、もう腕が揃っててどんなことがあっても驚かないような体になってたからね。ちょうどそういうときに毛色の変わったのが集まって、それが番組になったからね。だから人間って分かんない。そのときになってからね、「あ、もっと勉強しときゃよかった」って思うのはね、いつでもみんなそう。今でもそう。「もっと勉強しときゃよかったなぁ、もっと稽古しときゃよかったなぁ」なんて思うけどね、いつでも。なかなか売れない。ほんとに売れない。

――師匠のネタ数は多いと思うのですが

私のネタの数は大したことなかったん。民放さんはね、会うたんびに新しい噺ってんですよ。しょうがねえから作るより仕方がない。漫談でもなんでもね。うちの先代さんがお手のもんでよく簡単に作ってやったわけ。あれはネタに困んないわけよ。「ネタはどうする？」「ネタはね、『家庭侵入法』ということで。」「どうゆう噺？」「今作るから……」（笑）。それでもね、新作のネタでもって重ならないからこっちは驚かないわけ。黒門町の師匠（八代目桂文楽）なんかはもろにネタに困っちゃうよね。志ん生師匠（五代目古今亭志ん生）みたいな人は（ネタが多くて）全然驚かない。

――三代目金馬師匠から教わったネタはございますか

先代から教わったってぇなね、ほんとにないよ。どっちかってぇとみんな他人んとこ教わりに行ったんだから。うちの師匠は教えてくんねぇもん。「俺が教えるてぇと、お前俺そっくりんなるから」「そっくりになったら俺以上売れないよ」と。だから他所

行って教わっといでって。「そしたら見てあげるから」って言うんだけど見てくんない、全然。

――どんな師匠に教わることが多かったですか?

五代目ですよ。この間の会長さん（五代目柳家小さん）。もうガキの時分からお世話になってるから。もう随分迷惑かけたからね。あの師匠はねぇ、優しい師匠だよ。教えてくれた色んな事を。嫌がらずにね。おしまいには嫌がられたけど（笑）。

売れない前だから君たち知らないだろうけども、あの師匠が丸の内のビルの地下にね、部屋借りてて親御さんだかと住んでらしたとこへ稽古に行ったのが一番始め。それから今度、高円寺の方へ引っ越して、お稽古に行ったらお内儀さんが「うちの父ちゃん兵隊に行っちゃった」って涙ぐんでた。その昔だからね。よくまぁ教えてくれたよ。一番初めに「お前の師匠はな、俺に噺教えてくんなかったけど、俺はお前に教えてやるからな」って（笑）。で、「狸」教わってね、教わったから帰って師匠に聴いてくださいって言ったら「うわぁ下手だ、わぁ下手だ、お前の噺聴くとこっちが下手んなる」って言う。これやってらんないよ。

――師匠が噺家になったときの着物に関しては

（今みたいな色々な着物は）ないない。一番最初に作ったのは紋付だね。袴もね、下がモンペみたいになって、戦争中だからそういう格好をして歩かないと、袴なんかゾロゾロしてたらみっともないって怒られちゃうし。あんまり紋付を着て歩けるところもなかったしね。で、あとは学生服だよ。

――学生服!?

小学校でも中学校でも学生服着て、どこでも行って喋ってたね。慰問に行ってくれって言われるとね、子供たちの前でもって落語やるのにさ、学生服でもって喋ったりしてさ。

――学生服じゃあ落語がやりづらくあり

ませんか？

そんなこと言ってられないよ（笑）。紙芝居をやって、腹話術をやって、落語をやってって。落語はもうおしまいで「皆さんおまけで聞いてください」みたいなもんだよね。何しろ芸人がいないからねぇ。全部一人でやんなくちゃいけないから。落語をやるのはそんときは楽しかったね。何でもご用命いただければどこでも飛んでったもん。

――噺家が一番大事にすべきことは何でしょう？

お客様のことじゃない？　一番大事なのはお客様だよね。お客様が大事だと思えば、要するにネタも全部そういうこと考えなきゃぁ。お客さんが喜んでくれるようなネタをやれるようじゃなきゃいけないね。何でもお客さんが喜んで「おぅ！　面白かったよ！」って言ってくれれば、売り出す機会もあるわけよ。「なんだつまんねえ」って言われたらそれっきりだからね。芸人ははっきりした商売だよ。芸人は売れなきゃいけませんよ。

——自分の高座の出来というよりも…

（お客様が喜ぶ高座の方が）いいですね。お客さんが喜んでくれれば、お客さんが知ってくれるから、そういうことが増えれば増えるほど人気が出てくる。もう何だね、（自分は）そういう時期は過ぎたね（笑）。

——我々若手にお言葉をかけて頂けませんでしょうか。

商売はみんなどこでも同じで「あきない」って言うくらいのもんで、飽きずに一生懸命やんなくちゃいけないし、「上手くやろう」ってたってそうはいかねぇんだからね。上手くやることよりも「どうやったらお客さんが喜ぶだろう、どうやったら笑うだろう」って、そういうこと先に考えなきゃ。「自分は上手にやろう」なんて思ったってダメだ。

うちの先代さんなんかは「俺はこんな上手いのに売れねぇってのはおかしい」って、そういう顔して歩いてたってぇからね（笑）。そらぁ先代さんは上手かったろうけどね、やっぱりお客さんに人気が出なきゃしょうがねぇやね。

＊＊＊

……寄席の楽屋でも我々のような若輩に様々な事を教え、また思い出を語って下さった金翁師匠。この貴重なインタビューでも飾り気のないお言葉をいただくことができた。が、聞きたいことがあれもこれも、今更になって浮かび上がってくる。己の不明を恥じるばかりである。

今回の取材を快く受け入れて下さった三遊亭金翁師匠、また同席して下さった三遊亭金馬師匠、ホンキートンク遊次先生、ご家族の皆様、三遊亭金也師匠に紙面を借りて御礼申し上げます。

（取材／文 柳家小もん）

インタビュー後の記念撮影。右から玉の輔、小はだ、金翁、はな平、小もん（敬称略）

リレー・エッセイ

つ・な・ぎが参りました

柳家花ごめ → 林家けい木

第一印象は、「同じクラスだったら絶対友達にならないタイプ」だった。

私より一年ほど後に楽屋入りしてきた彼は、何というか、光っていた。纏う空気がキラキラしている。間違いない。この人は「陽」の人だ。それも、一点の曇り無い、圧倒的陽だ。眩しくて消し飛ぶかと思った。

早い話が、苦手な人種だ。しかも後輩である。まだ先輩なら接し易かった。言うことを聞く立場と言うのは、ある意味楽だ。しかし後輩となると、こちらから指示を出し、色々な事を教えなくてはいけない。おまけにそこまで離れていないため、楽屋での立場は私のすぐ下になる事が多かった。そうなると、私が教育係になる。

こちとら、彼の発する光に消し飛ばない様に耐えているだけで精一杯なのだ。そんな人間に教育できる事など、ある訳ないではないか。

幸い、仕事のできる彼はすぐに、私の指示など無くとも見事な楽屋働きで、真打ちの師匠の信頼を得ていった。それどころか、ろくに教えてあげることも出来ず迷惑もかけただろうに、頼りない先輩にも嫌な顔一つせず、明るく接してくれる。とてもいい人だ。

そんな彼のおかげで、少しずつ苦手意識も無くなっていったが、それでもまだ彼がどんな人間か、個人的な部分はよく分かっていなかった。

二ツ目になると精力的に様々な企画を立ち上げ、落語家の枠に収まらない斬新な挑戦の数々を成功させていた。今も少年ジャンプで監修を務めるなど、落語を知らない層にも名前が知られるような八面六臂の活躍を見せているが、バイタリティ溢れるその姿は、やはり別の世界の人間だと思わせるに充分だった。

そんなある日、楽屋で雑談している最中、彼の口から思わぬ人物の名前が飛び出す。

「僕、稲川淳二好きなんですよ」

意外だった。怪談好きだと言う。しかも、何度もライブに足を運んでいる、「淳二ガチ勢」だった。ちょっと繋がらない。河原でバーベキューとかしている人じゃないのか。怪談とか聴くのか。

何を隠そう、私も大の怪談好きだ。思わぬ共通点に、話が弾んだ。そこからは、（主に私が一方的に作っていた）今までの壁が嘘の様に仲良くなった。

そして分かった。彼の発する光は、ただ陽気な人柄に依るものだと思っていたし、実際それも一因だろう。でもそれだけじゃない。旺盛な好奇心と、豊富な知識と、どんな相手も偏見無くフラットに見ることのできる、人としての厚みと深みこそ、誰とでも仲良くなれる彼の、光の発信源だった。

今では、彼の企画に呼んでもらったり、こうして彼についての原稿を書いたりしている。前座の時の私に言っても、信じないだろう。どこでどんな風に変化するか分からないから、縁とは面白い。

今更私がこんな事を言う必要も無いだろうし、厚かましい事も分かっているが、ちょっとくらい先輩っぽい事も言っておきたい。

これからも「林家けい木」を応援よろしくお願いします。

それはそれとして、河原でバーベキューは多分している。

【書いた人】柳家花ごめ
平成21年 柳家花緑に入門、平成21年11月21日前座となる。前座名「まめ緑」。平成26年6月11日二ツ目昇進「柳家花ごめ」と改名

【書かれた人】林家けい木
平成22年2月8日 林家木久扇に入門、平成22年8月11日前座となる。前座名「けい木」平成27年5月21日 二ツ目昇進

新二ツ目 Q&A
春風の一問一刀

どうも。春風一刀です。前号まで「ソロ者の部屋」担当だったのですが、
真剣にやらないでフザけてばかりいたら、外されてしまいました(笑)。
玉の輔師匠、誠に申し訳ございませんでした m(_ _)m
という事で、今回は新二ツ目 Q&Aだってサ。
と言っても、取材した時は前座だったけどね (´・ω・`)
じゃあ、色々聞いちゃおうかナ。かわら版が絶対聞かないような事を聞こうね (^^)

二ツ目になると暇になるからとても太るよ。一刀は10キロ以上太ったよ。

柳亭市松

山梨県出身　柳亭市馬門下

Q 嫌いな食べ物を教えて下さい
A ありませんが、あえて言うならニンニクです。美味しいのに楽屋で臭いって言われますので。

Q 好きなパンは？
A カツサンドです。お肉が好きなので。

Q 好きな歌手は？
A 落語もしてるあの方です。

Q 日常生活でのこだわりとかある？
A できるだけ無理をしないことです。

Q それは何故？
A 無理をすることは無理だからです。

Q 住みたい街はどこですか？
A 住めば都ですね。

Q 間取りはどんな感じ？
A ワンルームです。電灯のオン・オフが面倒くさいので。

Q 家具はＩＫＥＡ？
A 大家に訊けやですね。

Q やるじゃん
A いつも通りの集大成です。

Q ＦＦ派？ドラクエ派？
A ＦＦです。ハマったのは、ＦＦＸ（テン）ですが、当時はエックスって読んでました。

Q 住むなら吉祥寺？
A お寺に住むのは緊張しますので、ちょっと…。

Q 宝くじ当たったらどうする？
A また宝くじを買います。倍プッシュです。

Q 尊敬する二ツ目の先輩ひとりだけ教えて！
A 答えようと思ったんですが、昇進されてました。

Q 最後にこれからの二ツ目生活　意気込

みをどうぞ！

A　袴をきっちり履けるようになりたいです。「きっちり」ということは、「きっちり」ということです。

古今亭菊一改メ

古今亭菊正

調布市出身　古今亭菊太楼門下

Q　**嫌いな食べ物を教えてください**

A　小さい頃に見た活き造りがトラウマです。

Q　**好きなおにぎりの具は？**

A　塩むすび。

Q　**シウマイ弁当は何から食べる？**

A　米ですね。きく麿師匠におかしいって言われました。

Q　**好きな駅は？**

A　駅、ではないのですが、仲御徒町駅5番出口の階段が好きです。

Q　**犬派？それとも猫派？**

A　どっちも好きだけど、飼うなら猫です。

Q　**って事は　吉野家派？**

A　必然的にそうなりますね。

Q　**卵は付けちゃう感じ？**

A　まあそうなりますよね。

Q　**さては　つゆだくにしちゃうタイプでしょ⁉**

A　一文字違い！　つゆだけです！

Q　**お酒は好きですか？**

A　嗜む程度ですが、好きです。

Q　**量はどのぐらい飲みますか？**

A　人並みだと思います。

Q　**やっぱりウォッカは好き？**

A　そんなに飲めません。5杯飲んだらシラフです。

Q　**好きなハイボールの割合は何対何？**

A　あまり濃いめにはしないです。

Q　**東大以外で認めてる大学は？**

A　質問が意地悪過ぎます（笑）！　箱根駅伝では、両親が出会った東海大学を応援してます。

Q　**卒論のテーマはどんなの？**

A　サルトルという哲学者の思想について色々書いた気がしますが、ほぼ忘れました。

Q　**尊敬する二ツ目の先輩ひとりだけ教えて！**

A　市好兄さん。前座として本当に色々なことを教えていただきました。

Q　**最後にこれからの二ツ目生活　意気込みをどうぞ！**

A　二つ目になったら、挑戦できる噺の幅も一気に広がるので、今からワクワクしてます！　お客様に楽しんでいただけるよう一生懸命頑張りますので、応援よろしくお願いいたします！

ちなみに一刀はスタバよりドトール派だよ。だって、無意味にマックブック開かなくていいんだもの。

金原亭杏寿

沖縄県出身　金原亭世之介門下

Q　好きな食べ物を教えて下さい
A　メロン、焼き海苔（味付）

Q　好きな映画は？
A　「耳をすませば」

Q　好きなスポーツは？
A　自分でやるのはランニングくらいですが走るのは好きです。

Q　スタバでよく頼むものは？
A　寒い時期はアールグレイティーラテ、暑い時期はキャラメルフラペチーノです

Q　ランド派？シー派？
A　一日目にランド、二日目にシーなどいっぺんに満喫したい派です

Q　よく乗るアトラクションは？
A　絶叫系

Q　つい出ちゃう口癖とかありますか？方言とか？
A　ふいにどこかに身体をぶつけたりすると「あがっ！」と言ってしまいます（沖縄の方言で「痛い」という意味です）。

Q　沖縄でオススメのスポットを教えて下さい
A　天ぷらの島と言われている、南城市・奥武島（おうじま）。海を眺めながらの沖縄の天ぷらは絶品です。

Q　1日オフ　何がしたい？
A　お家の大掃除です。

Q　最近のお気に入りのアイテムは？
A　シルクの五本指ソックス

Q　苦手なものは？
A　パクチー、春菊、マウンティング

Q　カラオケでの十八番は？
A　アニメソング

Q　尊敬する二ツ目の先輩ひとりだけ教えて！
A　尊敬する先輩は多いので非常に難しい質問で、とても選べません。

Q　最後にこれからの二ツ目生活　意気込みをどうぞ！
A　長かった前座修行を終えての二ツ目生活、楽しみしかありません。幅広く挑戦をして沢山の方に応援して頂けますよう、芸に精進致します！

どうだったかなぁ？
二度と聞かれないであろう質問をしたよ (*^^*)
まぁ、でもみんなも気になってたと思うから
聞けて良かったよね (^_-)- ☆
３人とも取材を受けてくれてありがとう。
そして、二ツ目昇進ホントにおめでとうございます
(^o^)
という事で、読者のみんなは３人に御祝儀を持って
行って、手ぬぐいを貰おう (ﾟ∀ﾟ)
じゃあ、またねー。バイバーイ＼ (^o^) ／
（取材／文 春風一刀）

そぞろ歩き ③

上野というと我が協会としてはお馴染みの土地である。もちろん寄席は鈴本演芸場、パーティーなら精養軒、協会事務所は黒門町……という具合である。そして上野の「山」とはよく言うが、どこからどこまでが山なのか案外分かりづらいので「お山」を感じるように歩いてみることにした。

まず上野駅の北側に大きな陸橋がある。かなり急な坂なのだが上ると眼下にJRの線路が幾筋も並んでいる。手元の切り絵図（『東都下谷絵図』国立国会図書館）によれば、嘉永年間ここには寛永寺の子院が並んでおり、さながら寺の見本市なのだが今はその風情もない。両大師橋を渡り切れば上野公園である。この橋のたもとは見事に崖になっていて「山」たる様子が窺える。古くは「忍ヶ岡」と呼ばれ武蔵野台地の突端、とのことだが一旦置いておく。

公園を突っ切って西郷隆盛像に出る。前座の頃にここで花見をしたことがあったが、夜席の後はまだ肌寒い時期だ。それでも仲間でワアワア言いながら夜明かしをして、アサヒを見ながらエビス顔……空が、夜っぴて明るかった。

清水観音堂脇の階段を下りれば、目の前に不忍池弁天堂。『おしの釣り』では古くからの殺生禁断の場所とされているが、噺でなくとも大きな鯉や亀を水面から覗き見ることができる。そんな所に今では動物園があるのは何かの因縁だろうか。振り返ると清水堂の舞台が高くに見える。

さて、崖に沿って通りへ出ると見慣れた広小路の風景を拝むことができるが、明治の頃まで不忍池から流れ出る「忍川（しのぶがわ）」という川が横切っていたらしい。今の「ＡＢＡＢ」の北側辺り、そこには三本の橋が掛かっていて「みはし」と呼ばれていたそうだ。真ん中は一際広く、将軍と輪王寺宮専用、庶民は左右の小ぶりな橋を渡ったという。今はあんみつが名物の甘味処にその名が残っている。

名残を探してぼんやりしていたら腹が減ったので、黒門町名題の「うさぎや」でどら焼きの出来立てを買ってみた。二ツ目昇進時には挨拶と共に必ずこの折りを理事会に差し入れる。「甘く、お手やわらかに……」という洒落かな、と思っていると、注意書きに「あしがはやいのでお早めに　うさぎや」傍目に跳ぶように売れていた。

（文／柳家小もん）

ソロ者《モン》の部屋

三遊亭ふう丈

聞き手●五明樓玉の輔

『そろそろ』だからソロ、独り者のウチ行って話聞いたり、その生活ぶりを面白おかしく記事にしよう…コレが元々の企画。しかし、どうだろう？　1号2号と取材はファミレス、生活感ゼロ。…何やってんだ、一刀!!　もう、クビだっ。次からオレが書く！

ということで、今回は玉の輔があのニツ目宅へブラチ～ン！　…あれっ、コレは違う雑誌だねぇ～、と東京かわら版『玉様のブラチン』をさり気なく宣伝　笑。

やってきたのは駒込、そのソロ者は駅まで迎えに来てくれました。

「おはようございます。三遊亭ふう丈、38歳独身、バリバリのソロ者です！」

駅構内に響き渡るほど大きな声で出迎えてくれたこの男は俗な人間なので『ふうゾク丈』と呼ばれている。

「今日は師匠のためにお鍋を用意しました。ちょっと追加で買い物したいんで商店街寄ってもいいですか？」

もちろんです。ふう丈クンは楽屋でも人気者。町内でも愛されてるんだろうなぁ～。地元しもふり商店街は毎日通う、正に生活そのもの。入る店、どのお店でも声が掛かる。

「おお、ふうちゃん。こないだの『芝浜』良かったよ！」

「そのネタ、持ってないですヨ！」

「シャレだよ、シャレ。新作派だもんな。『純情日記駒込編』最高だよ」

「それって喬太郎師匠のネタですし、微妙に違ってます」

「ハハハ、まぁガンバってよ。応援してるからサ」

「ありがとうございます」

…という会話は全く聞こえることなく、一般人以下の扱いで買い物三軒終了　笑。

「引越して間もないんで…。しもふり商店街じゃなくて『しらぬふり商店街』です」

…あんまり面白くないけどね。

ダンベル　ドラム

ダンベルトレーニングにドラム練習はもちろん来たるべき『あの日』のために。

ふう丈料理

「ささがきゴボウなんかする噺家はボクと文蔵師匠だけです！　ふう丈調べですけど…」

OGO　円丈・円生

OGO…落語協会大喜利王のチャンピオンベルトは玉の輔が作りました。

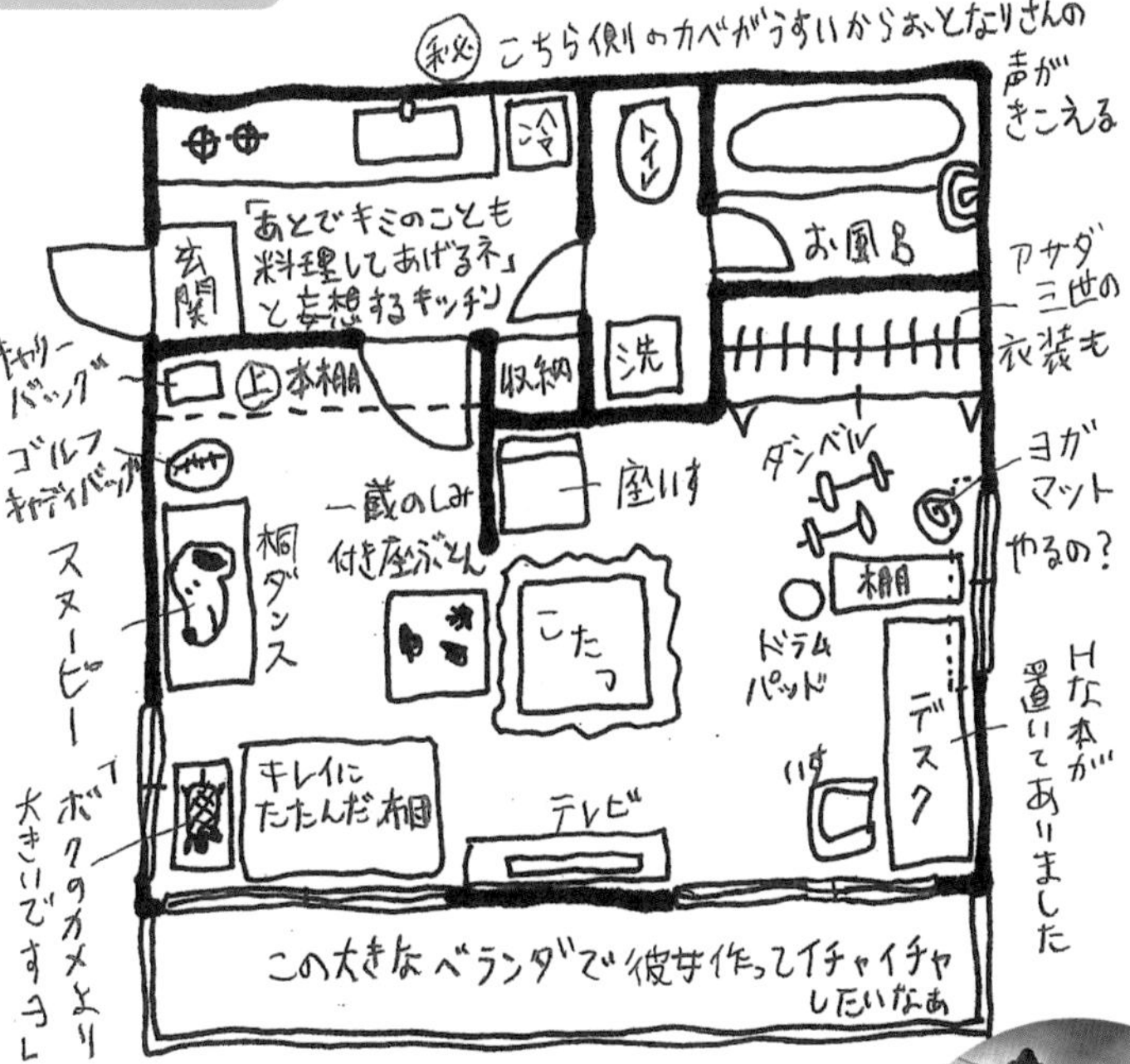

スヌーピー

「このスヌーピーを抱いて寝るんですよ。もちろん『あの日』のシミュレーションです」

かめ

首伸ばして尻尾まで入れたら30cm超え！　ココで豆知識。扇子の長さは約23cm。

「ココです」と案内された『チョチョリーナ駒込』（仮名）202号室。

なかなか良さそうなアパートじゃん、新しいし。

部屋はキレイに片付いた洋間。ソロ者には十分な広さだし想像していたものとは全く違っていてツッコミどころがあまり無い。あれっ、亀？デカっ！…亀飼ってるの？

「そうなんですよ、今日はスッポン鍋です」

…………。（汗）

桐箪笥の上には大きなスヌーピーのぬいぐるみ。その大きさは先代圓歌師匠を優に超える？

「学生時代から見習いまでバイトしていた料理屋の店長から嫌がらせ的に貰ってんですよぉ～」

確かにこの大きさは嫌がらせだね。でもこの店長さんから可愛がってもらっているらしくゴルフセット一式もいただいたり世話になってるんだってサ。

「同じ熊本出身なんですヨ。馬焼専門店銀座こじま屋、とても良い店なんで宣伝してください」

ちゃんとフルネームで書きましたよ。

「支度しますんで先に一杯やっててください。座布団はあまりキレイじゃないんでそちらの座椅子の方で…」

確かに汚い座布団。

「こないだ一蔵兄さんが来て酔っ払って素っ裸ンなってその座布団に抱きついて変なシミがついちゃいまして…」

…捨てちまえ、そんなモノ!!

ビールをやりながら待っていると

「お待たせしましたぁ」

おお～っ、スゲェ～!!　本格的モツ鍋だぁ～。ココに越す前住んでいた堀切までわざわざ玉の輔のためにこのモツを買いに行ってくれたらしい。そのお肉屋さんは常連で

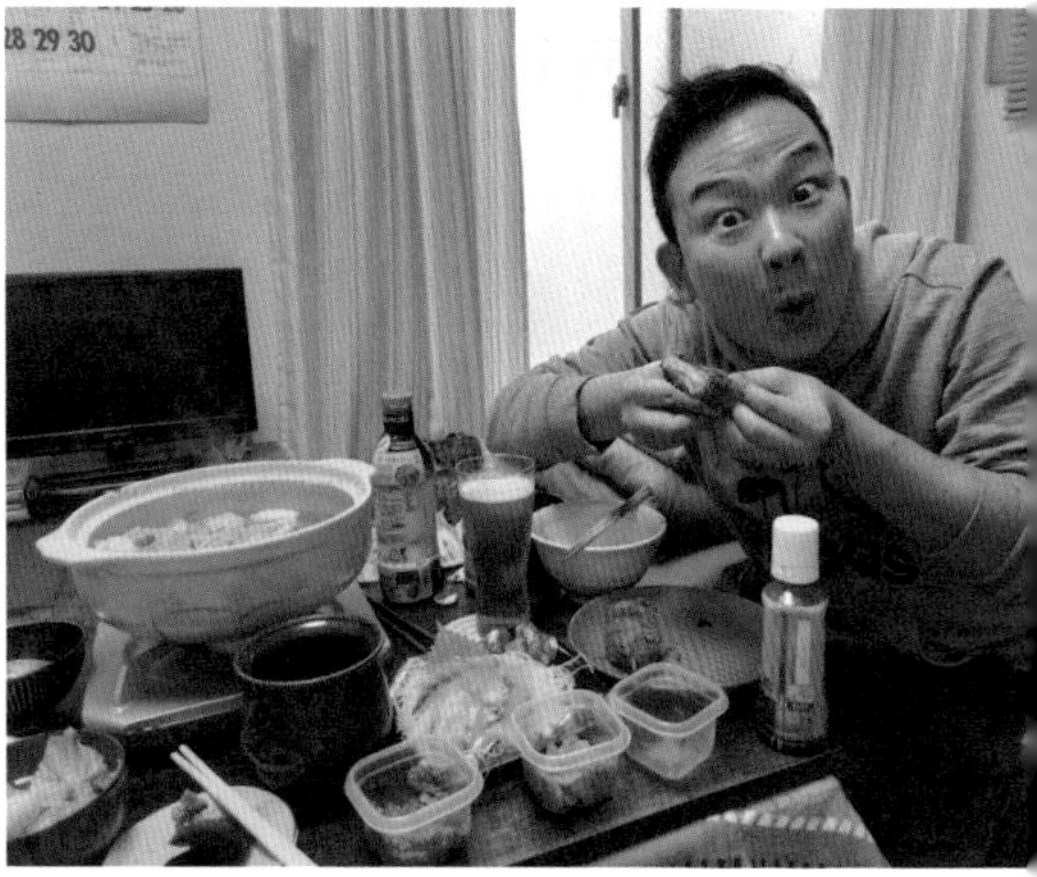

「おぉ～久しぶりだねぇ。元気だったかい？今日はモツ鍋かぁ～。『ぐつぐつ』だねぇ～。この前聴いたふうちゃんの落語はぐだぐだだったけどな、ハハハ」

「ボクより面白いこと言わないでくださいよぉ～」

「また聴きてぇなぁ～『任侠堀切菖蒲

園』」

「流山動物園、白鳥師匠ですヨ!!」

「ふうちゃんも早く二ツ目に昇進できるといいな」

「もうとっくになってます!!」

…などという愛されキャラ的会話は全くなかったようだが、この日のために作ってくれたオリジナル特製出汁のモツ鍋は最高。料理はできるし、部屋もキレイ。女のコ連れ込むには絶好だな。

「木造なんで壁が薄くて気になるんですヨ。お隣さんによく彼女が来るんですけど声が聞こえてきまして…。別に変なコトをしてる声じゃないですヨ」

…変なコトをしてるかどうかまで判るほど薄い壁が気になって女のコを呼べないらしい。…というか、そんな女のコもいないようだ。彼女ができたら南向きの広いベランダでワイングラスを傾けながらしっぽりできるといいネ。

三遊亭ふう丈 1984年8月23日熊本県山鹿市生まれ 駒澤大学卒業 2011年4月三遊亭圓丈に入門 2016年二ツ目昇進 師匠圓丈の死去に伴い2022年2月より三遊亭天どん門下に

ふう丈クン、彼女募集中です!!『わたし、壁が薄くても気にならないワ。あっちの声も大きくないし…。でもそれはふうちゃん次第、ウフッ』そんな方、よろしくお願いいたします。

あっ、最後に『アサダ二世』の衣装で一枚写真撮らせてヨ。

「実はですねぇ、『脱アサダ』を考えてまして…」

…えっ、脱アサダ？

「ちょっと待ってください」

と、何やら支度があるらしい。

「いらっしゃい♡」

と出てきた姿を見て驚いた!!

ぎゃーっ、アサダ先生から松旭斎美智先生!!

コレがホントの『美智との遭遇』…お後がよろしいようで。

※この文はフィクション、ノンフィクションがごちゃまぜです。

（取材／文 五明楼玉の輔）

クロスワード そろそろ

1	2	3	4	5	6	7		9
15							■	
	■	■	16				8	
17	10	11		■	18 イ			
19					■	■		■
20				■	12	13		14
21	エ	■	22		ア ウ		■	
■	23		■	■	24			■

落葉拾い

緒言

楽屋に落ちている木の葉のような噺。色づきながら枯れ果てて、忘れられてしまうもの。記録にはならないようなもの。聞き書きと捨て耳を頼りに、そのような落葉を集めてみたいと思います。消えてしまいそうな挿話。しかし、残しておきたいもの。噺家版の耳袋。お後の出番までの、ちょっとした茶話。

圓歌師匠（三代目）の葬儀にて。棺の窓を覗き込んだ馬風師匠が一言。「圓歌さん、嘘つきだったが、今回ばかりはどうやら本当だな」

パソコンを覚えはじめた馬好師匠。楽屋で前座に質問攻め。「おい前座、ＹｏｕＴｕｂｅってなんだ」「おい、ブラウザってなんだ」「アイコンってなんだ」「ワードってなんだ」

縦のヒント

1 そろそろ編集長の芸名は?
2 掛け算のラスボス
3 〇〇インでお馴染み、光刺激から目を守るサプリメント
4 柳家緑也師匠も大好きなサツキとメイと化け物が出てくるジブリ映画
5 鳥取にはスタバはなくても〇〇がある
6 ここには問答無用で【ワクトロ】と入れよう! 緑助との約束だよ!
7 電車の地図
8 浅草の有名なお蕎麦屋さん! 噺家がよくいるよ!
9 ケジメをつけないでその状態が続く様『〇〇〇〇べったり』
10 人の食べ物を横取りする関西人『それ食べへんなら〇〇〇〇〇』
11 ここには【ザノモ】と入れよう! 理由を聞いたら引っぱたくよ!
12 友達と〇〇〇から緑助の落語会なんか行かないよ!
13 漢字より〇〇〇を読めた方が楽屋働きしやすいよね!
14 お喋りはよく『〇〇から先に生まれた』なて言われるね

横のヒント

1 天どん師匠が大好きな野球チーム
15 くせがない人でも
16 ここには『リバトンオズ』と入れてね! 意味なんかあとから付いてくるものさ!
17 緑助も大好きな漫画、ニセコイの主人公、一条楽は〇〇〇〇一人息子なんだ! ちなみに、高校時代の緑助は、この漫画を読んでキュンキュンしてることが親バレして反抗期が始まったよ!
18 ここには『ロズワル』と入れよう! いいね! いいよね!? !?
19 『子供はどうやってできるの?』『〇〇〇〇が運んでくるのよ』緑助もそう思うよ!
20 武士の身分を表す言葉
12 ヒーローの真逆の役
21 インダス文明最大級の都市遺跡! モヘンジョ〇〇
22 言い争うこと
23 芝浜で熊さんは〇〇で42両拾う
24 武器の倉庫

(制作 / 柳家緑助)

とうとう最後には、

「おい前座!」

「はい!」

「ヘルプってなんだ」


美食家の小満ん師匠。「人生でいちばん美味しかったものは何ですか?」の質問に、

「うちの師匠(八代文楽)は、優しいところがあって、食事のときには弟子にも少し分けてくれた。前座の頃に、師匠から平目の刺身をひときれ、お食べ、ともらった。緊張しながら、その時に食べた平目の刺身、ひときれ。あんなに美味しいものはないと思ったね」


「90才の誕生日は、何をしますか?」の問いに、金翁師匠、

「稽古する」

※順不同。噺の嘘と噺家の創作のために、事実とは異なるお噂もあるかもしれません。ご了承くださいませ。勝手な掲載を失礼致します。噺家の逸話、美談、笑い種、しくじり等募集中。担当林家彦三まで。ご協力お願い致します。

連載

薄荷糖《はっかとう》（二）

江戸時代のお茶はどうやら番茶が多かったらしいが、薄荷のあとの煎茶も、口がさっぱりとして、なかなか、うまい。清濁、併せのむ。

そうだ。清濁併せのむ。言葉もまた、そのようにできればと思うことがある。常に、清らかな濁りを感じていたいと思う。

しかし、もちろん、現実からは目を背けている。出てくる声も、滑らかではない。よって清濁併せのむことといまだ到底叶わぬこの未熟な噺家は、とりあえず薄荷糖とお茶で雨宿りしている。このような場所に間借りして、待っている。正直、雫さえ垂れてくる、邸宅とはいえない、草ぶきの茅屋の下で、この文章を書いている。

信心という言葉を持ち出すには、荷が重い。いつかきっとと思うこともあるが、それは束の間の晴れ間。光の梯子さえない。第一、そんな想像は絵になりすぎる。吉原田甫一面、どこを見回しても、雨。地べたは的確にぬかるんでいて、前進を拒む。せいぜい近所の茶店までの移動を守るための時間と距離。そこに不思議な履物が天上からぶら下がっていたとて、気がつかないかもしれない。千載一遇の好機を、見逃してしまうかもしれない。それに手を伸ばせば、ぞろぞろっと魔法の靴が出てくるかもしれないのに。それさえあれば、まったく違う世界に、自在に歩いて行けるかもしれないのに。――落語の筋にそんな空想を託しながら、草ぶきの茅屋の下で、この文章を書いている。

きっと、こんなものという。一流と比べられたら、こんなものと、いわれる。しかし、きっと、こんなものだからこそ、いいのだ。雨上がりの、一文菓子の風情のように。

もしかしたら、かつては立派な〈雑誌〉であった。予算も公認もあった。その〈雑誌〉は、このたびこのような〈冊子〉となった。長い年月を経て、言葉の濁りも取れたらしい。

それでも中身は、それほど変わっていないと思われる。これはどうやら職〈業〉の問題で、みな素人で、そして芸人で、従ってあくせくしているところも、あくせくしていないところも、ご愛敬。許されながら、もしかしたら慕われながら、もしかしたら茶化されながら、読まれているようです。(一文とはいえない値段は、どうぞお察し願います。)

とにかくわたしは若手の噺家で、どうやらこの愛すべきかわいらしい冊子に、連載をはじめることになったのであった。

文／林家彦三

噓か!?真か!? 楽屋噺

「天の音のように清らかで雨音のように優しく普《あまね》く人々に愛されるように、という意味でございます」

…コレは昨年11月から立花家橘之助師匠と共に高座に上がっている立花家あまねちゃん（21）のアイドルばり自己紹介。都立工芸高校時代はマシンクラフト科に通い旋盤をやっていたというからびっくりしたなぁ、もう！溶接・鋳造大好き少女が落語好きのご両親に連れられ通った寄席で出会ってしまった浮世節。夢だった漆職人を諦め17歳で弟子入り志願。「高校卒業してからおいで」という師匠の言葉とコロナ禍でちょっと遅くなってしまった初高座。少しもどかしい口調とは違って唄うとコレがなんとも良い。スゴく良い!! 一度聴いたらこの唄声に魅せられてあなたはもうあまねちゃんの虜。入門してから始めたちょっとぎこちない踊りもたまりません。二人の掛け合いは爆笑間違いなし。しかし、橘之助師匠は早く独り立ちさせたいと言う。これに対しあまねちゃんは「師匠と弾く二丁の三味線が好きなんです」というから泣かせるじゃない！

こんなあまねちゃんの好みのタイプはなんとリリー・フランキー。どうやらあまねちゃんは『枯専』という種族に分類されるらしい。こりゃあオイラにも目があるぞ！

趣味は映画鑑賞。お薦めの映画ある？「ジャック・ニコルソンさんの『恋愛小説家』です。セリフが素敵なんです」…ジャックニコルソンに『さん』付けする人に初めてあったヨ。因みにアル・パチーノさんも好きなんだって。「映画に誘われると嬉しいです」… ダメだよ、そんなこと芸人の前で言っちゃあ〜。楽屋は狼の巣窟なんだからネ！…で、いつ観に行こうか？

（取材／文　五明楼玉の輔）

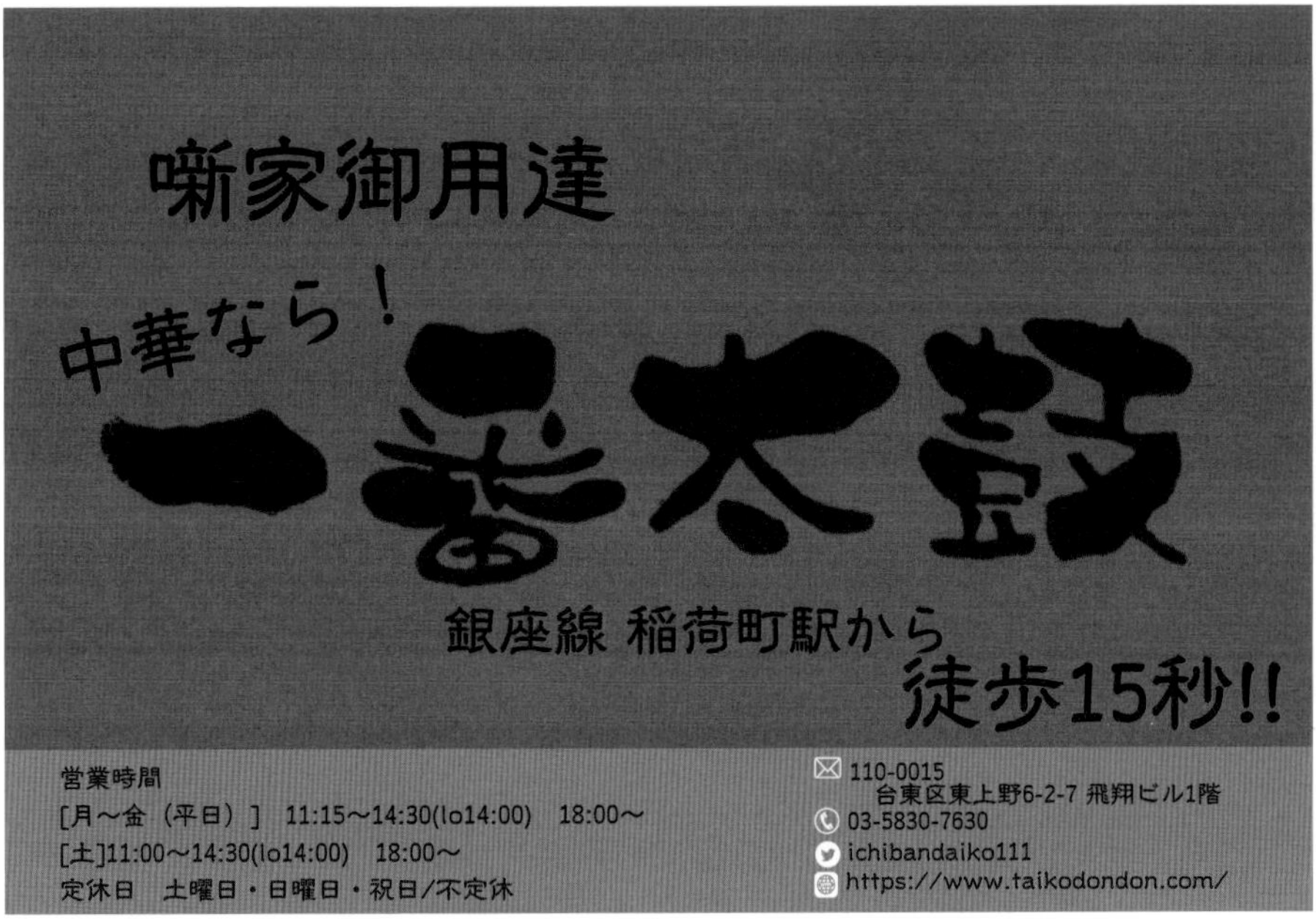
噺家御用達
中華なら！
一番太鼓
銀座線 稲荷町駅から
徒歩15秒!!
営業時間
[月～金（平日）] 11:15～14:30(lo14:00) 18:00～
[土]11:00～14:30(lo14:00) 18:00～
定休日 土曜日・日曜日・祝日/不定休
110-0015
台東区東上野6-2-7 飛翔ビル1階
03-5830-7630
ichibandaiko111
https://www.taikodondon.com/

風と焼酎
水と料理
金魚
本格焼酎の店 金魚
〒 110-0005 東京都台東区上野 5-27-7
(JR 御徒町駅北口すぐ)
TEL 03-3834-0107
Twitter @Kingyo030217

台湾をこよなく愛する噺家の巻

三遊亭司の旅する魯肉飯
ルーローハン

噺家は料理好きが多い。噺と同様で料理に対するこだわりも強い。その料理好きの噺家の中でも一番と呼び声が高いのが三遊亭司師だ。多摩川の水で産湯を使い、大田区で育った生粋の大田っ子は、とにかく呑むのが大好き。地元蒲田の飲み屋を語らせたら右に出るものはいないであろう。そんな司師が月に一度は作るというのが魯肉飯だ。「台湾が好きなんだよ」理由は非常にシンプルなものだった。10年ほど前に仲間連中で行った台湾旅行で、すっかりその味にハマったそうだ。以降は、毎年台湾へ旅行するほどの台湾好きに。ここ2年ほどは新型コロナウイルスの影響で行ってないため、家で台湾料理を作ることが増えた。同じく中華料理を作ることも多く、レシピ本を落語のネタ帳のように見せてくれた。「魯肉飯を落語に例えると？」の質問には、少し悩んで「道灌かな」とはにかんだ。

第2回 シカ・クック

プロフィール

三遊亭司

一般社団法人落語協会真打
1998 年 四代目桂三木助に入門
前座名「六久助」
2001 年 三遊亭歌司に入門
前座名「麹」
2003 年 5 月 二ツ目昇進
「司」と改名
2015 年 3 月 真打昇進

材料

●皮付き豚バラかたまり 400g
※皮なしでも可
●油葱酥（ヨウツォンスー）
大さじ 3
※フライドオニオンでも可
●たまご 4 個　●醤油 200cc
●酒 200cc　●ザラメ 大さじ 2
●にんにく 2 片　●五香粉 小さじ 1

つくり方

❶豚バラを 1cm 角に刻み、にんにくをみじん切りにしておく。たまごを事前にゆで卵にしておく。
❷フライパンに油をひき、油が透明になるまで豚バラを炒める。ザラメを入れ、キャラメル色になるまで炒め、にんにくを入れる。
❸醤油、酒、五香粉、ゆで卵、油葱酥、を入れて、煮立たせる。弱火にし、40 分から 1 時間煮込む。

❹お茶碗にご飯を入れ、盛り付ける。たまごを切って載せたら出来上がり。台湾啤酒（ビール）があると嬉しい。

筆者も分かったような振りをしてはにかんだ。修行の成果は思わぬところで身を結ぶ。これから、司師の『道灌』を聴く際には魯肉飯に想いを馳せたい。

（撮影／文　林家はな平）

前座のぜん太くん

さく・春風亭いっ休

「ウケまくり」

編集委員から　vol.3

QR コードは Twitter

「ウチにも来てぇ〜」という料理上手なソロ者募集中!…女性大歓迎です。

五明楼玉の輔（無責任者）

着物より帯より羽織紐より、
良いカメラが欲しいです
ハナーキー（林家はな平）

本誌よりメンバー入りしました。

楽しく盛り上げるぜイ!

林家けい木

私は着物と帯と羽織紐が欲しいです
三遊亭伊織

「リバトンオズ」って結局何だろうね?

春風一刀

祝・けい木兄さん編集部入り!

これからもお世話になります!

柳家小もん（総務）

クロスワードの正解者は緑助に
ご報告を!　めっちゃ称えます!
柳家緑助

わたしは羽織と羽織紐が欲しいです。

林家彦三（出版部長）

「そろそろ編集会議」

「発売記念落語会」も来てね!

楽しいよ!　柳家小はだ（編集長）

校　　正／校田正美
デザイン／西澤美帆
撮影協力／鈴本演芸場、大丸松坂屋百貨店
未来定番研究所、恩賜上野動物園、池袋演芸場、
BE AT STUDIO HARAJUKU

ご意見・ご感想・お問合せはこちら
そろそろ編集部メールアドレス
sorosoro.goiken@gmail.com